课后半小时　小学生阶段阅读

文化基础　自主发展　社会参与

# 生物技术

课后半小时编辑组·编著

## 万物皆为师

# 027

北京理工大学出版社
BEIJING INSTITUTE OF TECHNOLOGY PRESS

第 1 天 万能数学 〈数学思维〉
第 2 天 地理世界 〈观察能力　地理基础〉
第 3 天 物理现象 〈观察能力　物理基础〉
第 4 天 神奇生物 〈观察能力　生物基础〉
第 5 天 奇妙化学 〈理解能力　想象能力　化学基础〉

第 6 天 寻找科学 〈观察能力　探究能力〉
第 7 天 科学思维 〈逻辑推理〉
第 8 天 科学实践 〈探究能力　逻辑推理〉
第 9 天 科学成果 〈探究能力　批判思维〉
第 10 天 科学态度 〈批判思维〉

**文化基础**　　**科学基础**　　　　**科学精神**　　**人文底蕴**

# 核心素养之旅
## Journey of Core Literacy

　　中国学生发展核心素养，指的是学生应具备的、能够适应终身发展和社会发展的必备品格和关键能力。简单来说，它是可以武装你的铠甲、是可以助力你成长的利器。有了它，再多的坎坷你都可以跨过，然后一路登上最高的山巅。怎么样，你准备好开启你的核心素养之旅了吗？

第 11 天 美丽中国 〈传承能力〉
第 12 天 中国历史 〈人文情怀　传承能力〉
第 13 天 中国文化 〈传承能力〉
第 14 天 连接世界 〈人文情怀　国际视野〉
第 15 天 多彩世界 〈国际视野〉

第 16 天 探秘大脑 〈反思能力〉
第 17 天 高效学习 〈自主能力　规划能力〉
第 18 天 学会观察 〈观察能力　反思能力〉
第 19 天 学会应用 〈自主能力〉
第 20 天 机器学习 〈信息意识〉

**学会学习**

**自主发展**

**健康生活**

第 21 天 认识自己 〈抗挫折能力　自信感〉
第 22 天 社会交往 〈社交能力　情商力〉

**社会参与**　　**责任担当**　　　　**实践创新**　　　　**总结复习**

第 23 天 国防科技 〈民族自信〉
第 24 天 中国力量 〈民族自信〉
第 25 天 保护地球 〈责任感　反思能力　国际视野〉

第 26 天 生命密码 〈创新实践〉
第㉗天 生物技术 • 创新实践
第 28 天 世纪能源 〈创新实践〉
第 29 天 空天梦想 〈创新实践〉
第 30 天 工程思维 〈创新实践〉

第 31 天 概念之书

### 卷首

# 万物皆为师

创新从发现需求开始，或许，你已经发现了一些有趣的需求和问题，打算跃跃欲试地行动起来，实践一番。可是，发现问题容易，难的是如何解决问题。说来你可能不信，模仿是创新的基础。你可能会感到困惑，老师说过，作文要自己写，不要抄别人的，模仿不就是抄吗？其实，模仿的价值远远超过你理解的照搬照抄。人类文明的进步和科技的发展都离不开模仿。

远古时期，人类的古猿祖先发现动物皮毛可以抵御寒冷，于是开始捕猎动物，取下它们身上的兽皮披在自己身上，这就完成了一个从兽皮到皮衣的简单模仿。人类除了模仿动物，还会模仿植物。比如中国古人下雨天的装备"青箬笠，绿蓑衣"，制作的灵感就来源于常见的箬叶和蓑草等植物。蓑草叶片有出色的防水功能，而且叶片中空，编织成的蓑衣不仅轻便而且透气。

随着人类对自然万物研究探索的深入，我们不仅能看到事物的表面现象，还能深入它的根本去发现它的原理，再利用同样的原理进行改造和创新，进一步推动文明的进步。最开始人们以为拥有鸟儿的翅膀就可以飞翔，但是经过数百年的不断尝试，人类发现真正能让鸟飞上天空的并不是它们的翅膀，而是它们掌握了利用空气压差飞翔的秘诀。信天翁是自然界的"空气动力学大师"，它们能利用季风，轻松飞越太平洋。在风速较低的海面飞行时，信天翁会冲入浪峰，从斜风中汲取能量，再飞入风速比较高的空气层。

人类对大自然的模仿永不停歇。除了模仿现象、模仿原理，现代医学通过对人体器官和系统的运行机制的模仿，通过人造器官、基因编辑等技术，让人也像机器一样，能"换零件，修机器"。

你可能会说，人类文明已经发展到现在的程度了，还有哪些我们可以模仿借鉴的呢？是不是都被前人充分利用了呢？当然不是！伟大的自然不仅为人类提供阳光、空气、食物和水，还无私地为人类留下了无尽的灵感宝藏。只要你善于发现，善于思考，大自然依然是你取之不尽用之不竭的思想宝库。不要忽略任何一种微小的生物，不论是小蚂蚁还是微生物，是小种子还是小花瓣，哪怕是一粒小小的尘埃，都可能蕴藏着巨大的科学世界。

"万物皆为师"，从观察和模仿身边的事物开始。

张可文
北京市育才中学资深生物教师
北京市西城区骨干教师
生物专业审读

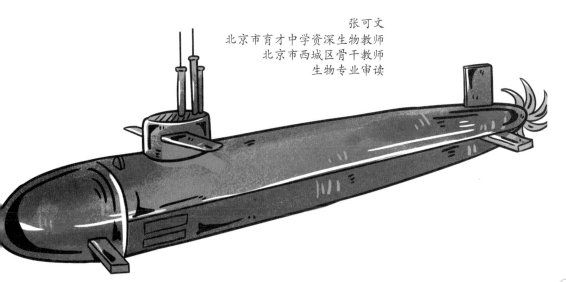

# 从动植物身上找点子

撰文：禾月

**羽绒服**

材　质　鸭绒、鹅绒
特　点　隔热又保暖

**羊毛衫**

材　质　绵羊毛
特　点　厚实、安全
　　　　感十足

**毛衣**

材　质　聚丙烯腈纤维
　　　　（腈纶）
属　性　人造化学纤维
特　点　又弹又蓬松

**棉衣**

材　质　棉花
属　性　植物 - 草本
特　点　温暖柔和

　　很久很久以前，人类的祖先森林古猿的身体上有很多体毛，像大猩猩一样。人类在进化的过程中，身上的毛发越来越少，最终几乎全部退化。人类没有了体毛，不再被跳蚤等讨厌的寄生虫困扰，但是却要面对夏天的蚊虫叮咬和冬天的冷风刺骨，为了生存，人类把目光投向了身边的动物和植物。从简单地把植物叶子和兽皮披在身上，到提取植物纤维和动物毛发纤维编织成各式各样的衣服，再到最终模仿动植物纤维制造出人造纤维，人类从动植物身上获得了大量的灵感。

为了不受风吹日晒，防御蚊虫叮咬，人类想到用植物的叶子来保护身体，可能这就是最早的衣服吧！树叶衣服虽然能起到保护身体的作用，但是到了冬天却并不暖和。

## 棉

棉、麻、丝、毛并称为四大天然纤维。棉是由从棉桃吐出的棉絮中提取出的纤维制成的。棉花是双子叶植物，是唯一一种由种子生产纤维的农作物。大约在汉朝时期的新疆地区，人们就已经开始种植棉花了，但它当时不叫棉花，而是叫"白叠子"，用棉花制成的布叫"白叠布"。后来这种白叠布通过丝绸之路卖到中原地区，在当时是一种很稀罕的布。

### 赏棉花，你可曾听过？

大约在唐宋时期，棉花才通过陆上丝绸之路和海上丝绸之路来到中原。棉花刚到中原时，人们并没有把它作为纺织原料使用，而是当作可以观赏的花卉。

### 棉花被用于做衣服

到了南宋末年，人们发现了棉花的真正用处，用它做成的衣服又轻又软，既保暖又便宜，很快取代了皮毛做的衣服。从此，人们开始推广棉花种植，而用棉花做成的棉衣、棉袄、棉被则成为中国人冬天的保暖法宝。

▶延伸知识

#### 那么，远古人类怎么挨过寒冷的冬天呢？

原来，远古人类很早就学会了用火取暖，但如果离开了火源，身体还是会被冻僵。后来，有人将被丢弃的动物皮毛披在身上，没想到保暖效果很好，身体立即暖和起来。从此，兽皮就成为人类的第二件衣服。

▶延伸知识

#### 是衣服，也是伪装！

用兽皮制成的衣服不仅能保暖，还能帮助原始人类伪装自己，从而迷惑猎物。原始人类常常披着整张兽皮去接近猎物，等到猎物发现不对劲时，早已没有逃跑的机会了。

## 麻

古代典籍中记载着"伯余之初作衣也"。伯余作为黄帝时期的一位大臣，是史书上记载的最早用麻或葛做衣服的人。但实际上，早在6000多年前的新石器时代，河姆渡人就已经掌握了原始的纺织。

葛

芒麻

火麻

麻的外皮纤维

麻布

### 麻布

新石器时代，我们的祖先开始用麻和葛的外皮织布，从此，人们穿上了布做的衣服。

**丝**

丝绸是一种高档的纺织品。历史典籍中记载，黄帝的妻子嫘祖发现了蚕茧，并发明了养蚕的技术。传说蚕茧最初被当作食物采摘回来，但任凭怎么煮都嚼不烂，也不怎么好吃。聪明的嫘祖发现搅拌蚕茧的棍子上缠着很多细丝线，认为这种东西一定大有用处，于是采集蚕茧并发现了蚕吐丝的秘密。后来，嫘祖尝试将蚕丝织成布，没想到，蚕丝织成的布料手感光滑，轻盈绚丽，受到人们的喜爱。从此人们开始大量种桑养蚕。

丝绸

**毛**

毛和丝都是动物纤维，毛主要指动物的发毛和绒毛。羊毛、骆驼毛、兔毛、牦牛毛等都可以做成轻柔保暖的衣物，但是最常见的还是羊毛。

发现生活 ● F I N D I N G

# 从"薅羊毛"到"模仿"羊毛

撰文：十九郎
美术：Studio Yufo

除了棉、麻、丝、毛四种常见的天然纤维，人们还从鸭、鹅等禽类动物身上发现了更加保暖的羽绒。

# 羽绒服为什么那么暖和？

羽绒服中的羽绒由"羽"和"绒"组成。

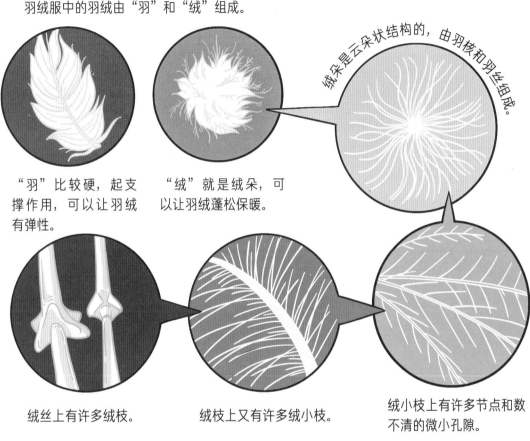

"羽"比较硬，起支撑作用，可以让羽绒有弹性。

"绒"就是绒朵，可以让羽绒蓬松保暖。

绒朵是云朵状结构的，由羽核和羽丝组成。

绒丝上有许多绒枝。

绒枝上又有许多绒小枝。

绒小枝上有许多节点和数不清的微小孔隙。

暖空气

出不去！

冷空气

进不去！

这些结构中存在着大量缝隙和孔洞，可以容纳大量空气，构成了完美的绝缘层，阻止了内部暖空气和外界冷空气的交换。

羽绒主要来自鸭或鹅的颈、胸、腹、翅下等部位，
只占全身羽毛的 8%~10%。

人类模仿动植物纤维，制造出了人造毛、人造棉和人造丝，如涤纶、腈纶、锦纶等化纤产品，都属于常见的人造纤维和合成纤维。

# 像鱼儿一样畅游海底

撰文：徐雨来
美术：王婉静 张秀雯等

生物给人类带来的灵感可远不止身边的衣食住行这么简单，而是体现在国计民生的方方面面。谁能想到在水中灵活上游下潜的鱼儿能和潜艇这个大家伙有什么联系。为了解开鱼儿潜游的秘密，我们要先了解一下鱼的重要身体器官——<u>鱼鳔</u>(biào)。

找到你啦！

被你发现啦！哈哈，你可真灵活。

嗖

我身体里有个大鱼鳔，能控制身体上浮和下沉，非常灵活。

鱼鳔？

鱼鳔是鱼的重要器官，如果你见过爸爸妈妈做鱼前清洗鱼腹，就能看到这个器官，俗称鱼泡。它看起来像个半透明的气球，里面充满了气体。

鱼鳔

鱼鳔收缩排气，鱼身下沉。鱼鳔充满气，鱼身就能上浮。这就是鱼儿潜游的秘密。

除此之外，鱼还可以通过调节鱼鳔中的气体维持体内和体外的压力平衡。浅水中水压较小，生活在这里的鱼，鱼鳔里的气体少，体内压力也小；深水中水压较大，生活在这里的鱼，鱼鳔里的气体多，体内压力也大。

这还不简单，是那个东西嘛！

对对对，就是那个东西！

可是，虽然我会利用鱼鳔上游和下沉，但却不知道为什么会这样。

到底是什么东西嘛！

# 神奇的密度

这个神奇的"东西"就是"密度"。通过第一周的学习，你已经知道世间万物都是由"分子"组成的。分子分布的疏密程度叫作密度。对于水来说，密度比水小的物体会浮在水面上，密度比水大的物体会下沉到水中或者水底。就拿油和水这两种常见的液体来说吧！

▶ 延伸知识

饮用水的密度是 $1 \times 10^3 kg/m^3$。密度的单位是 $kg/m^3$，读作千克每立方米。如果把一个体积是 1 立方米的容器里装满水，则水重 1000 千克，也就是 1 吨。煤油的密度是 $0.8 \times 10^3 kg/m^3$，也就是说，体积是 1 立方米的容器里装满煤油，煤油重只有 800 千克。

而且也不溶于水

油是一种比水密度低的液体。

密度低，就意味着同样的体积，油要比水轻。

因此，只要是密度比水小的物体，投入水中后都会在浮力作用下上浮。

你看，密度更小的油滴在水里是往上跑的。

如果把同样体积的油和水倒在一个容器里，就会发现，密度比水小的油以小油滴的形式往水面上跑，最终，油和水会有一条清晰的分界线。

哇！

# 密度"改造"

不同物质有不同的密度，这个密度值通常是固定的。不过，我们可以动动脑筋，"改造"物质的密度大小，为我们所用。动手做做下面的实验，观察鸡蛋能不能浮起来吧。

在水中放入一枚煮熟的鸡蛋，鸡蛋缓缓落入了杯底。这就说明，水的浮力不足以托起一枚熟鸡蛋。

在水中倒入一些食用盐，用筷子用力搅拌，直到盐粒在水中溶化。

## 主编有话说

一杯普通的水不能托起熟鸡蛋，但一杯加了盐的水却可以轻松把熟鸡蛋托起来，这是因为液体的密度发生了改变。当我们往水中倒入食盐后，水中同时存在氯化钠分子（食盐的主要成分）和水分子。水里的分子变多了，密度也变大了，这时加了盐的密度大的水叫盐水。

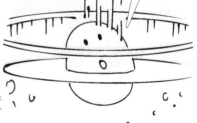

再次把熟鸡蛋放入水中。你们猜猜看，盐能不能帮助水拥有更大的浮力呢？

既然水的密度可以"改造"，是不是别的物体的密度也能"改造"呢？看这艘潜艇，由于人类不断地向鱼儿学习，对它进行一轮又一轮的改造，这个金属外壳的大家伙终于也能像鱼儿一样自由上浮下潜了。

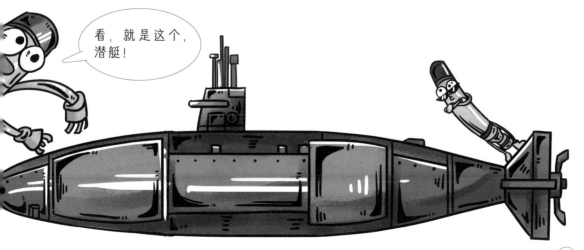

看，就是这个，潜艇！

# 潜艇的"鱼鳔"在哪里？

鱼鳔长在鱼的体内，而现代潜艇的"主力鱼鳔"大多是"长"在壳上的。

双壳体潜艇有两层壳，两层壳之间是装水的水舱。

潜艇下潜

潜艇上浮

**▌主编有话说**

潜艇按照艇体结构，可以分为单壳体潜艇、双壳体潜艇和部分双壳体潜艇。

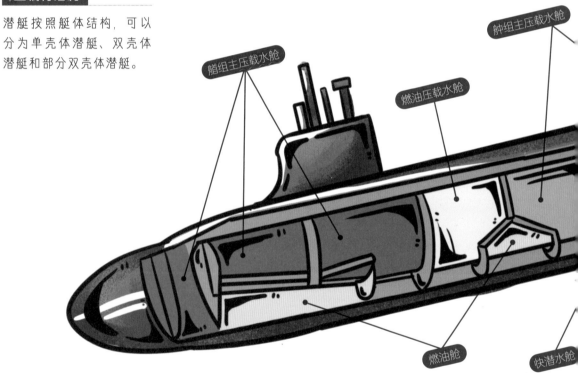

艏组主压载水舱

舯组主压载水舱

燃油压载水舱

燃油舱

快潜水舱

为了实现下潜，潜艇内有很多个装水的空间。如果想下潜，就需要大口"吸水"，让水占满水舱。根据上浮或者下潜的需求，潜艇会选择不同的水舱"组合工作"。而将储存在潜艇里的压缩空气灌入水舱，潜艇就会上浮。

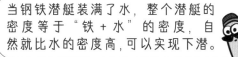

当钢铁潜艇装满了水，整个潜艇的密度等于"铁+水"的密度，自然就比水的密度高，可以实现下潜。

如果想上浮，就需要排水加气，"铁+气"的潜艇密度比油的密度还低，潜艇就会迅速上浮。

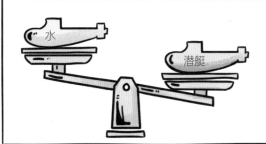

水
潜艇

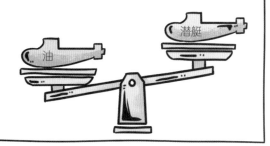

油
潜艇

▶延伸知识

## 压缩空气

空气受到压力可以压缩，减小体积，压力大到一定程度气体还能液化，体积会更小。压缩空气储存的体积和形状没有限制，应用非常广泛，如汽车轮胎、飞机发动机的启动、自行车打气筒等都利用了这一原理。

燃油压载水舱

艉组主压载水舱

燃油舱

调整水舱

潜艇压载水舱注水时的下潜过程

# 潜艇的"骨架"和"鳍"

解决了潜艇的上浮和下潜问题还不够，别忘了，水里不仅有浮力，还有压力。别小瞧水压，随着下潜深度的增大，潜艇承受的海水的压力也越来越大。每下潜 10 米，海水的压力就增加一个大气压。在 300 米的深海里，潜水员要承受 31 个大气压，相当于每平方厘米要承受约 30 公斤力的压力。潜水员在这种压力下，就会像被挤压住一样，连做抬手、动脚这样的简单动作都会觉得费力。对潜艇来说，水压同样具有可怕的威力。

所以，潜艇不仅需要又厚又硬的外壳，还需要最坚固抗压的特种钢材制作框架，来支撑外壳，就像动物躯体的骨架。支撑起潜艇内部的，是一层一层的"楼房"。为了尽可能地多利用艇内的空间，耐压壳圆周的大小，可以决定这艘潜艇最多是"几层楼"！

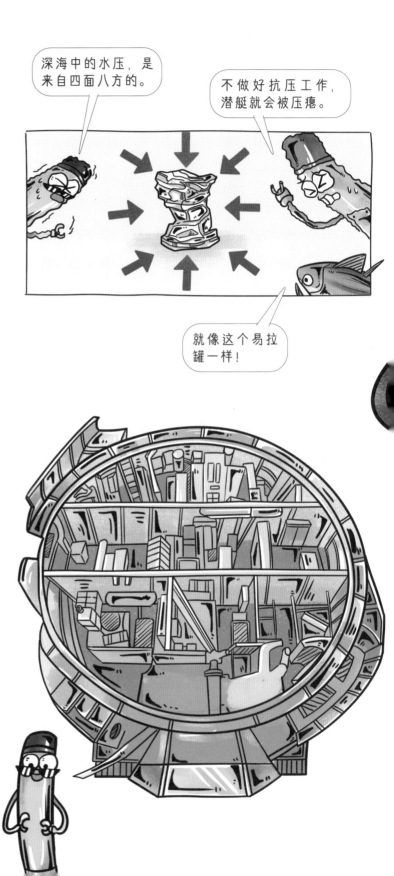

深海中的水压，是来自四面八方的。

不做好抗压工作，潜艇就会被压瘪。

就像这个易拉罐一样！

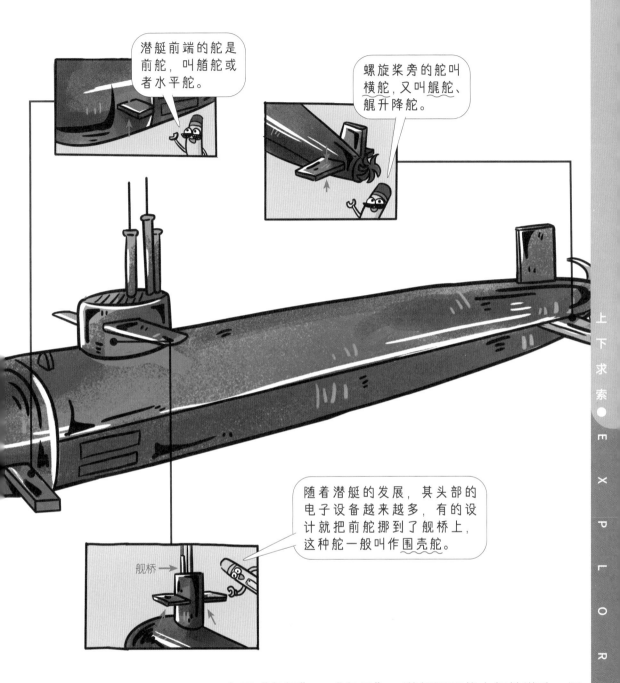

潜艇前端的舵是前舵，叫艏舵或者水平舵。

螺旋桨旁的舵叫横舵，又叫艉舵、艉升降舵。

随着潜艇的发展，其头部的电子设备越来越多，有的设计就把前舵挪到了舰桥上，这种舵一般叫作围壳舵。

舰桥 →

有了"鱼鳔"、"鱼骨"，潜艇还不能自如地游动，还需要借鉴鱼类的鱼鳍。胸鳍可以维持鱼在水中的身体平衡，控制自身的上浮和下沉；尾鳍可以保持身体平衡，转换游动的方向，为鱼类在水中前进提供推动力；背鳍、尾鳍、臀鳍、腹鳍，可以起到维持平衡和辅助鱼体升降的作用。潜艇不同部位的"鳍"也起到不同的作用，潜艇的"鳍"叫"舵"。

# 未来战士的钢铁侠战衣

撰文：杨夏飞　　美术：王婉静 张秀雯等

你看过电影《钢铁侠》吗？电影中的普通人经过科技改造，可以自由控制战斗机甲，成为战无不胜的钢铁侠。其实，现在科学家已经在研发一种机械外骨骼，这种机械外骨骼可以大大增强士兵的作战能力。而这种机械外骨骼的发明也是受到一种生物的启发。

电影里能飞天遁地的单人机甲，实际名称为"外骨骼系统"。它模仿节肢动物的坚硬外壳，能代替人类发力。最初的外骨骼需要能量供给，叫"有源外骨骼系统"。完整的外骨骼系统能够将使用者的力量放大 20~30 倍，但外骨骼系统本身重数百千克，维持这套系统的能源供应也是个问题。

▶延伸知识

节肢动物的肢体和躯干都是一节一节的，还有硬硬的外壳覆盖身体，这个外壳由上皮细胞分泌而成，称为"外骨骼"。节肢动物没有骨骼支撑身体和保护内脏，外骨骼就起到有效的保护作用。人类是脊椎动物，有骨骼支撑身体，如果再穿上一套外骨骼机甲，变为双层保护，在战斗中一定如虎添翼。

为了解决轻量化和能源供应问题，科学家将目光转向了小型无源自动化机械。人类走动的过程中有很多弯曲和直立的动作，浪费了很多能量。

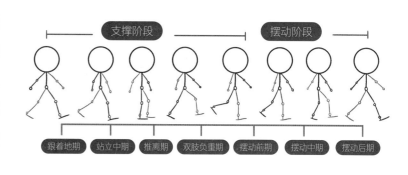

如果能减少这部分能量的浪费，或者把这部分能量收集起来，会产生什么样的结果呢？举个例子，如果你拧掉自动铅笔的笔帽，认真观察自动铅笔推出笔芯的过程，就会发现按压之后的四个动作是"一气呵成"的。这是因为自动铅笔里的弹簧和导杆，让自动铅笔在一次按压的过程里自动完成四个动作。这是因为弹簧具备储能的功能，自动铅笔的"全自动"就是一种"机械储能"再释放的过程！

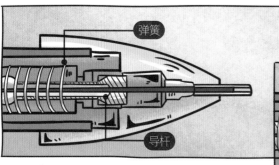

导杆下压

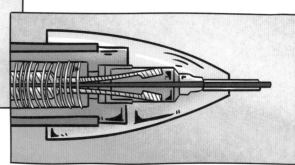

推出定长铅芯，爪瓣打开

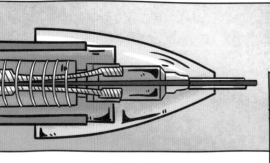

爪瓣后退

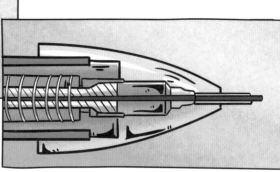

抓紧铅芯

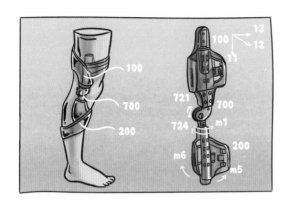

现代外骨骼系统可以模拟人体肌肉和肌腱，可以储存、释放和传导形状变化过程中的"能量"，将人体运动过程中的能量循环利用。比如现代外骨骼系统可以在人弯腰的时候储存能量，在起身的时候释放能量，这样能给人类省下不少劲儿！

因为没有动力源，所有的发力源头都是佩戴者，所以无源外骨骼结构很少使用沉重的金属材料。如果外骨骼太重了，戴起来行动都困难，就别说作战了。而碳纤维材料、钛合金等技术使外骨骼系统兼具轻便与灵活的优点，满足了人们对电影中战士穿着钢铁侠外衣作战的想象。

除了能实现作战需求，外骨骼系统还可以辅助劳作、减轻负担，帮助残疾人、老年人更好地行动，解放双手。

今后，大力士用尽全身力气才能扛起的重物普通士兵也能轻松扛起并奔跑作战了。

毕竟，未来士兵计划需要大量外部设备，以及相关设备的供电和维护系统，总体重量大约是一名士兵体重的 2 倍。有了外骨骼系统的帮助，"钢铁侠"也能在现实生活中出现了。

# 除了模拟器官，还能模拟系统

撰文：硫克
美术：王婉静 张秀雯等

人类对生物的模仿还在继续，更疯狂的是，人类模仿自身的生殖系统，让孙悟空拔下一把毫毛变出很多只猴子的神话变成了现实。

人们虽然不能用毫毛变出猴子，但是可以用细胞"变"出猴子。2018年，细胞克隆猴"中中"和"华华"登上了世界级学术期刊《细胞》的封面。

自从人类在1996年第一次培育出克隆羊"多利"后，克隆技术在很多物种中都获得了成功应用，如克隆猪、克隆牛、克隆猫、克隆狗等。

要想搞清楚克隆技术是怎么回事，首先要了解新生命是如何诞生的。细胞学说认为，细胞是生物的基本结构和功能单位，一切动植物都是由细胞发育而来的——人类也不例外。最初的细胞和普通的细胞不同，它甚至有自己独特的名字，叫作受精卵。受精卵虽然是一个细胞，但其实是由两个生殖细胞结合而成的，分别是精子和卵细胞。

精子来源于雄性的生殖细胞，分为动物精子和植物精子。一般来说，精子的结构可以分为三部分：头、颈、尾。卵细胞是来源于雌性的生殖细胞，动物和部分植物会产生卵细胞。

▶延伸知识

一开始，人们并不明白新生命的诞生是怎么回事，荷兰科学家列文虎克用自制的显微镜观察了很多物体，正是他发现了精子！

安东尼·列文虎克

性　　别 男
生卒年 1632—1723
国　　籍 荷兰
主要成就 发现微生物和精子

头 ⋅———
颈 ⋅———

对于人类来说，精子来源于男性。

细胞膜
细胞核
细胞质

对于人类来说，卵细胞来源于女性。

卵细胞受精后就会开始分裂，并且一边分裂一边移动，最终移动到子宫内着床，一个新生命开始缓缓生长……

找 不 同

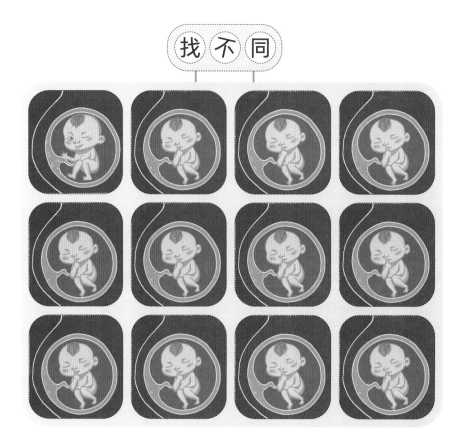

荷兰科学家安东尼·列文虎克曾用显微镜发现了奇妙的微生物世界。1723年，这位伟大的老人已经91岁了，他接受了记者的专访，对自己的一生进行了一次回顾。

# 访列文虎克
## ——让人尊敬的看门人

**记者**

**列文虎克**

**记者** 有传言说您年轻时做过看门人，您对此如何回应呢？

**列文虎克** 没错，我从小就没有受过正规教育，很早就外出工作谋生了。确实曾经在市政厅做过看门人。

**记者** 那您是怎么从看门人变成科学家的呢？

**列文虎克** 看门人的工作是比较轻松的，而且能接触各种各样的人。有一次我听朋友说，阿姆斯特朗的眼镜店不仅磨制眼镜，还磨制一种能把小东西放大的放大镜。我听了之后很感兴趣，就打算买一个来玩一玩。

**记者** 后来呢？

**列文虎克** 后来我进店里一问价钱，就灰溜溜地走了，因为放大镜实在太贵了！可不是我这个贫穷的看门人能买得起的。不过——

**记者** 不过什么？

**列文虎克** 我在眼镜店看到店员是怎么磨制镜片的了，这看起来并不难。

**记者** 善于观察果然有诸多益处啊！

**列文虎克** 回家之后，我就自己动手，由于没有技术指导，我磨了很久才终于磨出一个小小的透镜。

**记者** 那您怎么不买些相关书籍来参考呢？

**列文虎克** 那些书大都是由拉丁文写的，我只懂荷兰文，所以只能自己琢磨。

**记者** 那您磨制出透镜之后都做了些什么呢？

**列文虎克** 就是四处观察，观察我的皮肤、蜜蜂的腿、甲虫的腿等。那个小小的透镜把这些小东西放大了好多倍，我第一次看到蜜蜂腿上的短毛时还被吓了一跳呢！

**记者** 是什么样的机缘巧合，才让您的发明被公之于世呢？

**列文虎克** 是我的一个医生朋友。他看了我的发明之后觉得很震惊，强烈要求我公开。

**记者** 所以，从此您就进入了科学界，是吗？

**列文虎克** 我先给英国皇家学会寄了封信，里面有我的显微镜和我观察的很多结果。刚开始没有人相信我，他们还专门找了两个科学家去验证我的成果，最后证明我是对的，我这才算是真正进入了科学界。

**记者** 哇，从默默无闻的看门人到大名鼎鼎的科学家，您觉得您成功的秘诀是什么呢？

**列文虎克** 大概就是我这双手吧。

# 用生物创造生物

撰文：硫克
美术：王婉静 张秀雯等

这个说到底还是生物技术，不是魔术。

荧光红珊瑚的细胞里含有一种基因，这种基因能控制细胞合成一种能发出红色荧光的蛋白质。红珊瑚的红色荧光就是因此而产生的。

只要把荧光红珊瑚体内的这种基因转移到斑马鱼的受精卵中，由这个受精卵发育长大的斑马鱼就会发出红色荧光，这就是转基因斑马鱼！

原来是这样。

把绿色荧光水母体内的发光基因转移到斑马鱼的受精卵中，就能够得到能发出绿色荧光的斑马鱼。

人类除了利用生物进行发明创造，还利用生物合成新的生物。

# 干细胞来了

撰文：硫克
美术：王婉静 张秀雯等

1981 年，科学家首次分离出了小老鼠的胚胎干细胞，到现在，兔、牛、猴等的胚胎干细胞也都被分离出来了。

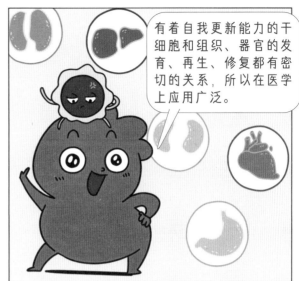

有着自我更新能力的干细胞和组织、器官的发育、再生、修复都有密切的关系，所以在医学上应用广泛。

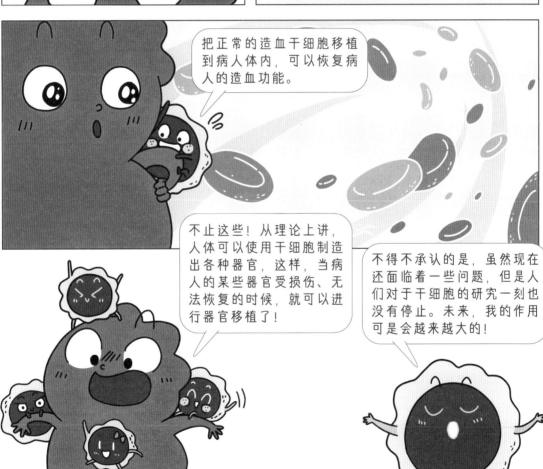

把正常的造血干细胞移植到病人体内，可以恢复病人的造血功能。

不止这些！从理论上讲，人体可以使用干细胞制造出各种器官，这样，当病人的某些器官受损伤、无法恢复的时候，就可以进行器官移植了！

不得不承认的是，虽然现在还面临着一些问题，但是人们对于干细胞的研究一刻也没有停止。未来，我的作用可是会越来越大的！

# 人类能创造完美生物吗?

**答** "完美"是一个让人听起来心向往之但却遥不可及的状态。完美只存在于人类的想象中，更何况人类所认为的完美一定是真正的完美吗? 水熊虫可以在任何严苛的环境下生存，不论是宇宙空间射线还是极度干燥寒冷，都无法让它死亡。可是，如果给人类一个创造完美生物的机会，只拥有水熊虫的生命力显然是不够的，还要拥有很长的寿命，超强的繁殖能力，让人愉悦的外表，甚至还要对人类有用处。假使人类有用科技创造生物的能力，想要创造"完美"生物，恐怕依旧不能实现，只能无限接近吧!

**汪诘**

科普作家，文津图书奖获奖作者，著有《时间的形状：相对论史话》

# 潜艇上的生活是什么样的?

**答** 正如前面所说，潜艇虽然单层可能有两米，但是为了在这些空间中尽可能多地塞进各种各样的功能，所以即便是排水量超过万吨的核潜艇，其内部空间也是十分狭窄的。潜艇兵在艇上的生活十分枯燥，四周除了管道就是电缆，待久了会感到十分单调。尤其是睡觉的地方，并不比火车上的三层卧铺宽敞多少。想象一下，如果在最狭窄的火车卧铺里，没有窗户也没有任何外界的声音，只有发动机的轰鸣声，住上十几天甚至几十天会有多枯燥? 阳光和新鲜的空气从原本的唾手可得变成了最奢侈的幻想。所以，与其他的艰苦相比，潜艇上的生活是另一种艰苦。上艇之前，士兵们都需要进行心理辅导和培训。也因此，很多大型核潜艇为了潜艇兵的身心健康，会在内部建造健身房、游戏厅……甚至游泳池等功能性舱室。但即便如此，也只能在某种程度上缓解潜艇生活的枯燥和乏味。

**刘希林**

中国船舶七二五所第八研究室研究员，"奋斗者"号载人球壳焊接项目负责人

 # 干细胞是无穷无尽的吗？

**答** "取之不尽，用之不竭"表达出人们对丰沛资源的渴望，尤其是那些有利用价值的资源，人们更是希望它能永远为人所用。干细胞是一种神奇的细胞，它能分化成各种不同类型的细胞，实现各种各样的身体功能需求。它就像孙悟空一样，有七十二变的能力，它可以变成神经、血液和皮肤。我们的毛发能够不断地生长，是因为有毛囊干细胞；血液能不断增殖，是因为有造血干细胞。人们在了解到干细胞的工作原理后，越来越觉得干细胞神通广大，无所不能。于是人们开始利用这种再生能力，在人体内和体外，甚至是动物体内，再造包括心脏、肝脏等人体重要器官；通过干细胞治疗修复损伤神经，让瘫痪病人重新站起来；通过干细胞组织培养生成新的皮肤，为烧伤病人及罕见皮肤病人提供皮肤来源。

虽然干细胞被称为"万能细胞"，但干细胞也像其他细胞一样，有着正常的从新生到衰亡的生命周期，也受制于人体本身的健康状态。当人体慢慢走向衰老，甚至死亡，健康的干细胞越来越少，直至生命停止，干细胞也完成了它最终的使命。

**杨焕明**

中国科学院院士，基因组学家，华大基因理事长

# THINKING 头脑风暴

**01** 以下几种哪个是天然纤维? （　）

A. 腈纶

B. 聚酯纤维

C. 羊驼毛

D. 尼龙

**02** 哪件衣服冬天穿最暖和? （　）

A. 丝绸连衣裙

B. 羊毛衫

C. 纯棉衬衣

D. 羽绒服

**03** 中国是从什么时期开始种植棉花的? （　）

A. 汉代

B. 商代

C. 清代

D. 明代

**04** 潜水艇的压载水舱模仿鱼的哪个部位? （　）

A. 鱼鳍

B. 鱼鳞

C. 鱼鳔

D. 鱼鳃

**05** 以下物质密度最大的是（　　）。

A. 纯净水

B. 食用油

C. 海水

D. 死海的水

五年级 科学

**06** 人类 1961 年培养出的第一只（　　）名叫多利。

A. 克隆牛

B. 人工授精猴

C. 克隆羊

D. 转基因斑马鱼

五年级 科学

**07** 以下哪种不属于干细胞？（　　）

A. 造血干细胞

B. 神经干细胞

C. 胚胎干细胞

D. 泌尿干细胞

七年级 生物

**08** 以下哪项技术可以用于器官移植？（　　）

A. 干细胞

B. 克隆

C. 细胞工程

D. 人工授精

七年级 生物

# 名词索引

# 头脑风暴答案

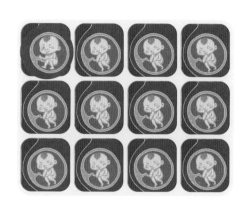

1.C

2.D

3.A

4.C

5.D

6.C

7.D

8.A

P32 找不同答案

# 致谢

《课后半小时 中国儿童核心素养培养计划》是一套由北京理工大学出版社童书中心课后半小时编辑组编著，全面对标中国学生发展核心素养要求的系列科普丛书，这套丛书的出版离不开内容创作者的支持，感谢米莱知识宇宙的授权。

本册《生物技术 万物皆为师》内容汇编自以下出版作品：

[1]《欢迎来到博物世界：在家里》，北京理工大学出版社，2022 年出版。

[2]《图解少年中国史：服饰的故事》，电子工业出版社，2021 年出版。

[3]《新武器驾到：暗夜无声》，电子工业出版社，2021 年出版。

[4]《新武器驾到：武装到牙》，电子工业出版社，2022 年出版。

[5]《进阶的巨人》，电子工业出版社，2019 年出版。

[6]《这就是生物：生物技术的魔法时刻》，北京理工大学出版社，2022 年出版。

**图书在版编目（CIP）数据**

课后半小时 : 中国儿童核心素养培养计划 : 共31册/
课后半小时编辑组编著. -- 北京 : 北京理工大学出版社, 2023.5
　　ISBN 978-7-5763-1906-4


　Ⅰ.①课… Ⅱ.①课… Ⅲ.①科学知识—儿童读物
Ⅳ.①Z228.1


中国版本图书馆CIP数据核字(2022)第233813号


出版发行 / 北京理工大学出版社有限责任公司
社　　　址 / 北京市海淀区中关村南大街5号
邮　　　编 / 100081
电　　　话 / （010）82563891（童书出版中心）
网　　　址 / http://www.bitpress.com.cn
经　　　销 / 全国各地新华书店
印　　　刷 / 雅迪云印（天津）科技有限公司
开　　　本 / 787毫米×1092毫米　1／16
印　　　张 / 83.5
字　　　数 / 2480千字　　　　　　　　　　　　　　　　责任编辑 / 封　雪
版　　　次 / 2023年5月第1版　2023年5月第1次印刷　　文案编辑 / 封　雪
审　图　号 / GS（2020）4919号　　　　　　　　　　　责任校对 / 刘亚男
定　　　价 / 898.00元（全31册）　　　　　　　　　　责任印制 / 王美丽